CARTA 7
Sobre la formación cristiana de la juventud

JOSEMARÍA ESCRIVÁ DE BALAGUER

CARTA 7
Sobre la formación cristiana
de la juventud

Edición preparada por
LUIS CANO

EDICIONES RIALP
MADRID

© 2024 *by* Scriptor S. A.,
EDICIONES RIALP, S. A.,
Manuel Uribe 13-15, 28033 Madrid
(www.rialp.com)

Preimpresión: www.produccioneditorial.com

ISBN: 978-84-321-6792-8
Depósito legal: M-11087-2024

Impreso en España   *Printed in Spain*
Anzos, S. L. - Fuenlabrada (Madrid)

ÍNDICE

NOTA DEL EDITOR

Las *Cartas* de san Josemaría explican por extenso algunos rasgos del mensaje y de la misión
del Opus Dei en la Iglesia, de su carisma, «don
peculiar del Espíritu»[1], como lo llama el papa
Francisco. Es su misión «difundir la llamada a
la santidad en el mundo, a través de la santifica-
ción del trabajo y de las obligaciones familiares
y sociales»[2] e impulsar «la acción evangelizadora
que sus miembros cumplen en el mundo»[3].

Estos documentos no son misivas del epis-
tolario personal de Escrivá. Son escritos destina-
dos a los hombres y mujeres del Opus Dei de

[1] Papa Francisco, motu proprio *Ad Charisma tuendum*, 14
de julio de 2022, art. 4, en https://www.vatican.va/content/
francesco/it/motu_proprio/documents/20220714-mo-
tu-proprio-ad-charisma-tuendum.html.

[2] *Ibid*. art 1.

[3] *Ibid*. art. 5.

todos los tiempos, aunque cualquier cristiano, e incluso no bautizado, puede encontrar en ellos un estímulo para vivir según el ejemplo de Jesucristo y seguir la vía trazada por Él. San Josemaría las llamó *Cartas* porque deseaba usar en ellas un tono familiar, reflejo de las charlas que mantenía con las personas de la Obra. De ahí que evite seguir un esquema rígido y escriba en «aparente desorden», como él mismo explica[4], sin emplear el estilo de un tratado, incluso cuando desarrolla un tema monográfico, como sucede en el documento que presentamos[5].

La *Carta* n.º 7 trata de la obra de San Rafael, es decir, de ese conjunto de actividades que promueve el Opus Dei para la formación cristiana

---

[4] Cfr. *Carta* n.º 7, § 25.

[5] Para conocer más detalles sobre la naturaleza e historia de estos documentos, remitimos a la amplia *Introducción general* del primer volumen de Cartas de la Colección de Obras completas de san Josemaría, publicado por Rialp: Josemaría ESCRIVÁ DE BALAGUER, *Cartas* (I), edición crítica y anotada, preparada por LUIS CANO, Colección de Obras Completas de Josemaría Escrivá, Madrid, Rialp, 2020, pp. 3-32. Puede verse también mi artículo "Las Cartas de san Josemaría. Hipótesis sobre su cronología y su género literario", en *Studia et Documenta* 17 (2023), pp. 31-63 y el de Francesc Castells, "Las *Cartas* de san Josemaría. Estudio para una cronología", Francesc Castells, en *Studia et Documenta* 17 (2023), pp. 11-30.

de la juventud y para estimular la búsqueda de la santidad entre los jóvenes, como discípulos de Jesús. También fue conocida por el íncipit *Quem per annos* y está fechada por el fundador el 24 de octubre de 1942, antaño fiesta de san Rafael Arcángel.

Sabemos que salió de la imprenta el 22 de noviembre de 1966, para difundirse entre las diversas regiones o circunscripciones del Opus Dei. No sabemos cuándo trabajó san Josemaría en su redacción. Probablemente lo hizo a lo largo de los últimos meses de 1966, porque el periodo anterior estuvo muy ocupado con otras *Cartas:* entre enero y noviembre de 1966 salieron dieciséis *Cartas,* que suman 765 páginas. Quizá utilizó papeles o borradores de los años cuarenta, entre otros materiales, porque el eco de esa fase de la historia del Opus Dei está muy presente aquí y tal vez por eso quiso datarla en 1942.

En ese año, las actividades apostólicas del Opus Dei con gente joven se estaban extendiendo por varias ciudades de España. En Madrid funcionaba una residencia universitaria, situada en la calle Jenner. Después del paréntesis de la guerra y de unos años de asentamiento, el apostolado con chicos y chicas jóvenes se abría a una nueva etapa de expansión.

La *Carta* está dedicada monográficamente a la labor de formación cristiana que desempeña la obra de San Rafael[6]. San Josemaría comienza ponderando la importancia y urgencia de esta tarea, que tiene como fin proporcionar una formación religiosa y humana a los jóvenes, transmitiéndoles valores cristianos, educándoles en la piedad y proporcionándoles una sólida instrucción en la doctrina católica (§§12-14). En pocas palabras, que los jóvenes «busquen a Cristo, que encuentren a Cristo, que traten a Cristo, que sigan a Cristo, que amen a Cristo, que permanezcan con Cristo» (§12). Una parte de esos chicos y chicas, como consecuencia de la intimidad con Jesús, escucharán su llamada a seguirle más de cerca de diversos modos, por ejemplo, en el Opus Dei. De ahí que la obra de San Rafael sea también un semillero de vocaciones (§§7-8).

A lo largo de la *Carta*, san Josemaría va tocando temas concretos, que proporcionan orientación práctica para desarrollar actividades muy variadas: desde cursos de formación (§29, §§34-37), hasta catequesis (§40) y visitas a los pobres,

---

[6] El motivo por el que puso este apostolado bajo la protección del arcángel está explicado en sus principales biografías; también puede verse una explicación en Josemaría Escrivá de Balaguer, *Camino*, edición crítico-histórica preparada por Pedro Rodríguez, Colección de Obras Completas de Josemaría Escrivá, Madrid, Rialp, 2004, 3ª ed., comentario al n.º 360, pp. 536-537.

en las que se extiende de manera particular (§§41-44). Habla también de las obras de apostolado corporativo, como residencias e instituciones docentes, y de otros múltiples aspectos que rodean la delicada e inaplazable tarea de formar cristiana y humanamente a la gente joven.

CARTA 7

[Sobre la obra de San Rafael, para la formación cristiana
de la juventud; también designada por el íncipit *Quem per
annos*; lleva la fecha del 24-X-1942 y salió de la imprenta
el 22 de noviembre de 1966].

La labor apostólica, que por años venimos rea-   1
lizando —de mil modos distintos— con la juventud, ha abierto un surco fecundo, dando frutos
abundantes en servicio de la Iglesia y en bien de
las almas. Porque, como os he recordado con frecuencia, hijas e hijos queridísimos, nuestra obra
de San Rafael es un remanso de trabajo generoso
y de paz, aun en medio de todos los apasiona-
mientos nacionales e internacionales.

Pero el Señor nos urge, es mucho lo que
hay por hacer. La tarea —que hemos de llevar a
cabo con la labor de San Rafael— es muy amplia,
ya que es inmenso el campo de este apostolado
con la gente joven, que admite *formas de trabajo*
que nunca se agotarán, puesto que es también
mucho el empeño que ponen algunos en co-
rromper a los que comienzan a dar, por su cuenta, los primeros pasos de la vida.

2* Nuestra obra de San Rafael se ha de dirigir a jóvenes *selectos* de toda condición social, estudiantes o no, sin distinción de ningún tipo. No os maraville que diga *selectos*, aunque nos interesan igualmente todas las almas. Precisamente por eso, para llegar a todos, hay que formar a los selectos. Cada día –en la Santa Misa– los encomiendo, al recitar con las manos extendidas, sobre la *oblata*: *et in electorum tuorum iubeas grege numerari!*[1]; dígnate acogernos, Señor, en el grupo de tus *escogidos*, de los selectos.

Sin formar asociación, los chicos vienen a participar de las actividades que se desarrollan *en y desde* nuestras casas, y así tenemos posibilidad de darles una buena preparación sobrenatural y humana, acercándolos al Opus Dei, facilitándoles los medios para desarrollar su carácter, enseñándoles a pelear y a vencer en la lucha ascética.

A través de este apostolado, proporcionamos a un gran número de personas el espíritu básico de la Obra: para formar su personalidad, para enseñarles a administrar su libertad, para darles doctrina católica con el testimonio de nuestra vida y con la palabra, y para hacerles

---

* Sobre la diferencia entre selección y elitismo, ver glosario (N. del E.).

[1] *Missale Romanum,* Plegaria eucarística I.

adquirir la cristiana preocupación de servir con naturalidad —por Amor de Dios— a las almas.

El fin inmediato es dar una formación integral

El fin inmediato de la obra de San Rafael es, por tanto, la formación integral de todos los que toman parte en esta labor. Han de darse cuenta de que participan activamente en algo muy importante, porque vienen a disponerse, para ser después buenos padres de familia o —si Dios quiere— almas totalmente *dedicadas* a su servicio. Por eso, se les exige empeño, seriedad: *un principio de compromiso,* sentido de responsabilidad.

3

Si el estudiante sigue durante sus años de universidad desempeñando el papel del *hijo de familia pudiente,* de irresponsable o de infantilizado, no se le puede pedir que se haga hombre de golpe —cuando acaba sus estudios—, por el mero hecho de recibir un diploma o un título profesional.

Cosa análoga se puede decir de chicos o de chicas de cualquier ambiente social: *verdaderamente, una juventud abandonada es como un terreno inculto, que no produce sino espinas*[2]. Es esta nuestra misión: formar hombres y mujeres cabales, cultivar ese terreno, para que fructifique.

_____

[2] S. Juan Crisóstomo, *In Matthaeum homiliae* 49, 6 (PG 58, col. 504).

4   Por eso, en el aspecto humano, inculcamos prime-
     ro en las chicas y en los chicos de San Rafael un
     gran sentido de responsabilidad, haciéndoles ver la
     obligación grave que tienen de estudiar o de tra-
     bajar, y de santificarse en el cumplimiento de este
     fundamental deber. Así fomentamos en los cora-
     zones jóvenes las virtudes humanas, que son base
     necesaria para cultivar las virtudes sobrenaturales.

     Y aprenden a vivir una característica muy
     peculiar del espíritu de la Obra: comprender a to-
     dos, disculpar, convivir. Este espíritu de verdadera
     caridad cristiana les ayuda a tener –entre sí y con
     todos los demás– detalles prácticos de fraterni-
     dad: y prende en ellos el deseo eficaz de hacer
     apostolado con sus amigos y compañeros.

5   Como primer fruto espiritual de la labor que
     se hace con los chicos, se consigue que tengan,
     generalmente ya desde el comienzo, una conve-
     niente frecuencia de sacramentos. Y con el buen
     aprovechamiento de los medios de la obra de
     San Rafael, reciben una sólida formación doctri-
     nal, aprenden a ser almas de oración, a vivir en
     presencia de Dios en medio de los quehaceres
     ordinarios de cada día, a dar sentido cristiano a
     su trabajo –intelectual o manual– y a tener espí-
     ritu de sacrificio.

     En una palabra, se les enseña a llevar una
     vida de piedad recia y honda, a amar de modo

singular a la Trinidad Beatísima, a la Santísima
Virgen, a la Santa Iglesia, al Papa, a la Obra; y a
manifestar —con su conducta— que buscan una
unidad de vida, luchando para que sus obras
se acomoden a su fe, sirviéndose de su trabajo
como medio y ocasión de apostolado.

Cuando veamos en los jóvenes un falso
espíritu de suficiencia y el afán de no respetar
a los padres y maestros —*los viejos*, dicen—, com-
prenderemos y amaremos más esta tarea de San
Rafael, considerando las palabras de San Juan
Crisóstomo: *a la infancia y a la niñez sucede la
juventud, mar donde soplan los vientos impetuosos,
como en el Egeo, al ir acreciéndose la concupiscencia.*

*Es la edad en la que cabe menos la corrección, no
solo porque las pasiones son más violentas, sino porque
los pecados se reprenden menos, pues han desapareci-
do maestros y pedagogos. Cuando los vientos son más
impetuosos y el piloto es más flaco y no hay nadie que
ayude, considerad cuán grande ha de ser el naufragio*[3].

Os he repetido siempre, hijos míos, que nuestra   6*
labor es servir: y que, *para servir, servir*. Necesitamos, por tanto, una vida limpia, una doctrina

---

* Sobre el significado de las "Normas", ver glosario
(N. del E.).

[3] S. JUAN CRISÓSTOMO, *In Matthaeum homiliae* 81, 5
(PG 58, col. 737).

clara y la práctica constante y amorosa de nuestras *Normas* de hijos de Dios en su Obra.

Y así –solo así– todo este trabajo, que ponemos en favor de la juventud, estará informado por un alto espíritu de servicio: servicio directo a los que integran la obra de San Rafael; servicio a la Iglesia, disponiendo a los chicos para ser hijos fieles suyos; servicio a la sociedad civil, preparando ciudadanos ejemplares, cristianos consecuentes en su vida profesional y social.

Conozco el afán apostólico y la dedicación que os mueve a *tratar* y a *formar* a los chicos de San Rafael, y se lo agradezco al Señor. Es esta una labor que nunca se agota, que requiere especialmente celo por las almas y amor de Dios, paciencia, y una bondad sin límites, según aquello de San Pablo: *caritas patiens est, benigna est*[4], la caridad es paciente y está llena de bondad.

Es el semillero de vocaciones para la Obra

7   La obra de San Rafael es el semillero del Opus Dei. Es el medio ordinario, con que cuenta la gracia de Dios –y descuidarlo sería tentar al Señor, obligarle a conceder gracias extraordinarias–, para preparar las futuras vocaciones.

---

[4] 1 Co 13,4.

Es lógico que sea así, puesto que la intensa formación espiritual y humana que reciben los chicos, de edad suficiente para ser plenamente conscientes de lo que la vida del cristiano supone —sin salir de su ambiente habitual en medio del mundo—, les coloca en condiciones de recibir la llamada divina a la Obra y de ser, desde el momento en que piden la Admisión, instrumentos eficaces bajo la guía de sus Directores.

Hay indudablemente una unión muy estrecha de los chicos de San Rafael con la Obra. De hecho, forman parte de esta familia sobrenatural, que es el Opus Dei: voluntariamente quieren recibir su *calor*, adquirir al menos su espíritu básico propio, y colaborar en la tarea espiritual con los socios que integran la Obra.

Haréis, pues, el proselitismo de modo especial con los chicos de San Rafael, que serán el objeto predilecto de vuestros desvelos y de vuestro celo, que pido al Señor que aumente en todos de día en día: porque de este modo, con mirada sobrenatural, vuestro afán apostólico agrandará su extensión sin perder intensidad, sirviéndoos —como instrumento— de esas mismas almas que formáis.

8*

---

* Sobre el significado en san Josemaría del "proselitismo", como seguimiento libre de Cristo, ver glosario (N. del E.).

Os recuerdo ahora aquellas palabras de San Agustín: *que vuestra fe lo vea todo en relación a Dios; amad a Dios sobre todo, elevaos hacia Dios, y, a cuantos podáis, arrastradlos hacia Dios. Al hijo, a la esposa, al esclavo, arrebatadlos hacia Dios. Si es un forastero, atraedle hacia Dios. Al enemigo empujadle hacia Dios. Arrastradle, arrastradle hacia Dios; que, si hacia Dios lo lleváis, ya no será enemigo vuestro*[5].

No olvidéis lo que enseña Casiano: *tres, dice, son las clases de vocación... Para exponer con especial distinción esas clases de vocación, diremos que la primera viene de Dios, la segunda a través de un hombre, la tercera por necesidad... La segunda clase de vocación, como hemos dicho, se realiza por medio de un hombre: cuando mediante el ejemplo o la exhortación de algunos santos, nos encendemos en el deseo de la salvación*[6].

9   El proselitismo es la mejor manifestación de caridad con las almas. Siempre os he dicho que cada uno —después de encomendar las cosas al Señor— debe procurar por lo menos dos vocaciones al año, siguiendo aquel mandato divino: *compelle intrare*[7], que es una invitación, una ayuda a decidirse, nunca —ni de lejos— una coacción.

---

[5] S. AGUSTÍN DE HIPONA, *Sermo* 90, 10 (OCSA 10, p. 592).

[6] CASIANO, *Collationes*, III, 3-4 (CSEL 13, pp. 69-70).

[7] Lc 14,23. «Obliga a entrar» (T. del E.).

Porque es característica capital de nuestro espíritu el respeto a la libertad personal de todos, el *compelle intrare*, que habéis de vivir en el proselitismo, no es como un empujón material, sino la abundancia de luz, de doctrina; el estímulo espiritual de vuestra oración y de vuestro trabajo, que es testimonio auténtico de la doctrina; el cúmulo de sacrificios, que sabéis ofrecer; la sonrisa, que os viene a la boca, porque sois hijos de Dios: filiación, que os llena de una serena felicidad —aunque en vuestra vida, a veces, no falten contradicciones—, que los demás ven y envidian. Añadid, a todo esto, vuestro garbo y vuestra simpatía humana, y tendremos el contenido del *compelle intrare*.

No os extrañe, aunque en nuestro caso no se trate de ser religiosos ni de vivir en común, que así hable San Agustín: *veni ad istam civitatem propter videndum amicum, quem putabam me lucrari posse Deo, ut nobiscum esset in monasterio*[8]; he venido a esta ciudad para ver a un amigo, que pensaba que podía ganármelo para Dios, con el fin de que fuera fraile en nuestro monasterio.

---

[8] S. Agustín de Hipona, *Sermo* 355, 1, 2 (OCSA 26, p. 246).

Nos interesan todas las almas

10   Sin embargo, aunque deseamos que el Señor promueva muchas y buenas vocaciones, os insisto en que buscamos en primer lugar la mejora espiritual de todas las almas –sin excepción–, que con buena voluntad se acercan a nuestro apostolado.

Por esto, no dejamos que se marche nadie, por el hecho de que no dé esperanzas de servir para la Obra. Tenemos siempre presente que, aunque solo algunos recibirán de Dios esta gracia particular, nos interesan todas las almas.

No nos ha de extrañar que otros se alejen, a pesar de que haya habido una labor previa de selección y de trato. No podemos pretender que nos entiendan todos: *non omnes capiunt verbum istud, sed quibus datum est*[9]; no todos entienden nuestra manera de ser espiritual, sino solamente aquellos a quienes el Señor da su gracia. Cuando esto suceda, no debéis desanimaros: seguid trabajando, con el mismo empeño y la misma alegría de siempre.

11*   Si se marchan, es consecuencia de que no están dispuestos a obrar –al menos, de momento– con

---

* Los Numerarios, hombres y mujeres, eran el único tipo de miembros que existía en 1942; como los Agregados, viven el don del celibato.

[9] Mt 19,11.

el espíritu de sacrificio que impone una vida
auténticamente cristiana; o de que el Señor
los quiere en otro sitio: de todas formas, algún bien siempre se les habrá hecho. Estad
seguros de que no habéis trabajado en vano:
*semper scientes quod labor vester non est inanis
in Domino*[10].

Además, de la labor de San Rafael han de
venir muchas vocaciones para la obra de San Gabriel, muchos colaboradores y amigos. Siempre
hay gente joven de valía, con prestigio entre sus
compañeros de estudio o de trabajo, que entiende y quiere a la Obra, que no son llamados por
Dios o, en otros casos, que no reúnen todas las
condiciones para ser Numerarios.

Pueden también darse circunstancias particulares, que dejan ver que la Voluntad del Señor
es que vayan por otro camino. Por eso, es tan
importante conocer bien a los chicos, tratarlos
a fondo en este apostolado personal de amistad
y de confidencia durante el tiempo que en cada
caso sea necesario, para poder ayudarles con eficacia. Y —no pocas veces— cuando llegue la hora
de hablarles de vocación, convendrá encaminar-
los hacia la obra de San Gabriel.

---

[10] 1 Co 15,58.

Darles el ideal de Cristo

12* Haced de modo que, en su primera juventud o
en plena adolescencia, se sientan removidos por
un ideal: que busquen a Cristo, que encuentren a
Cristo, que traten a Cristo, que sigan a Cristo, que
amen a Cristo, que permanezcan con Cristo.

Se espera pacientemente que la gracia divina vaya actuando en las almas, que llegue *la hora*
del encuentro con el Maestro, y que tengan la
generosidad y la ternura de seguir su voz –*veni,
sequere me*[11]; ven, sígueme–, renunciando a tantas cosas, lícitas para otros.

Desde el primer momento de la obra de San
Rafael, en la labor que hacía –en casa de mi madre– con los primeros, me ha venido siempre a
la memoria el hambre de verdad del apóstol San
Juan, que es la misma hambre que sienten los ado-
lescentes y los jóvenes limpios de todos los tiempos, abriendo los ojos a las realidades del mundo.

13 Con ese deseo de saber acudían a la cátedra peri-
patética del Bautista. Pasó Jesús –*respiciens Iesum
ambulantem*[12]– y el Bautista exclamó: *ecce Agnus
Dei*[13], he aquí el Cordero de Dios. Oyeron dos

---

[11] Mt 19,21.
[12] Jn 1,36.
[13] *Ibid.*

discípulos del Bautista –Juan y Andrés– estas palabras, *et secuti sunt Iesum*[14], y siguieron a Jesús.

Después, *¿qué queréis?*, les preguntó el Señor. Y la respuesta, no del todo lógica: *Rabbi, ubi habitas?*[15]; Maestro, ¿dónde vives? Les dijo Jesús: *venite et videte*[16], venid y ved. Juan y Andrés fueron, vieron donde habitaba, y se quedaron con él aquel día.

Larga debió ser la conversación y hondo se metió el amor en el corazón adolescente de Juan: porque, cuando más tarde –a la vuelta de los años– relata su divina aventura, aquella parte del Evangelio tiene el candor y el perfume de un diario afectuoso –*hora autem erat quasi decima*[17], eran las cuatro de la tarde, escribe–, recordando el instante preciso, en el que *videns eos sequentes se*[18], viendo Jesús que le seguían, les invitó a acompañarle.

Es muy eficaz la labor de estos amigos jóvenes, que *han seguido a Cristo*, que se mueven con discreción y naturalidad, entre los de su propia condición, viviendo con delicadeza y con amor

14

---

[14] Jn 1,37.

[15] Jn 1,38.

[16] Jn 1,39.

[17] *Ibid.*

[18] Jn 1,38.

nuestro espíritu, llevando el *Christi bonus odor*[19], el buen olor de Cristo a todos los ambientes: su colaboración, en la obra de San Rafael, es una gran ayuda para los Numerarios que dirigen este apostolado. No es prudente, *en general*, plantear a estos amigos la vocación de Numerario. Ya hablarán ellos, si el Señor se la da.

Por otra parte, hay muchos chicos a los que no se planteará nunca el problema de su vocación personal o de *dedicación* de ninguna clase. Pueden ser colaboradores o seguirán siendo sencillamente buenos amigos, que ayudarán gustosamente en nuestras tareas espirituales y humanas.

Es conmovedor comprobar que todos los chicos de San Rafael, aun los que no reciben la gracia de la vocación al Opus Dei, tienen un gran cariño a la Obra. Hay abundantes ejemplos —en estos años— de cómo han sabido noblemente defenderla, y serenar las aguas, que algunos habían enturbiado con la calumnia.

Han sentido como un deber de lealtad y de agradecimiento, por las atenciones maternales que el Opus Dei ha tenido con ellos, y han salido al paso de las falsedades: porque —también para ellos— el Opus Dei es muy suyo, y no han podido quedarse tranquilos, sin aclarar el ambiente.

---

[19] 2 Co 2,15.

Continuidad en el trato apostólico

Habéis de poner empeño en que haya continui-   15
dad en el trato apostólico con los chicos, que no
pierdan la ayuda constante de nuestro espíritu,
procurando, cuando parece conveniente que de-
jen de recibir los medios de formación de la obra
de San Rafael –por ejemplo, al terminar sus estudios o al consolidar ya su situación profesional–,
que se les ponga inmediatamente en relación con
la obra de San Gabriel, como colaboradores.

Con frecuencia, si siguen recibiendo nuestra formación durante un periodo más prolonga-
do, podrá madurar en ellos la llamada para una
generosa *dedicación* al servicio de Dios –si Él más
adelante lo quiere– en su Opus Dei, dentro del
matrimonio o como Numerarios.

También, hijas e hijos míos, veréis cómo
–con el pasar de los años– vuelven a tomar contacto con el Opus Dei, a través de la labor de
San Gabriel, tantas personas que en su juventud
habían participado en nuestro apostolado y a las
que después se había perdido de vista, porque
su ocupación o sus deberes familiares les lleva-
ron a un lugar lejano de nuestra labor, en aquel
momento; y más tarde, el trabajo de la primera
hora, aparentemente estéril, da su fruto.

Bien pueden aplicarse a nuestra labor las palabras de la Sagrada Escritura: *estas aguas van a la*

región oriental y bajan a los llanos del desierto, desem-
bocan en el mar, y saldrán y se purificarán. Y todos los
vivientes que nadan en las aguas, por dondequiera que
entre este río, vivirán; y el pescado será allí abundantísi-
mo, porque al llegar estas aguas, las del mar se sanearán
y los peces tendrán vida hasta donde llegue el río. Junto a
sus orillas estarán los pescadores, y desde Engadi hasta
En-Eglaim será un tendedero de redes, y por sus especies
será el pescado tan numeroso como el del mar Grande[20].

16   Hijas e hijos míos, al hablar de la obra de San Rafael,
no podemos entender limitado este concepto a la labor con estudiantes. El apostolado de la obra de San
Rafael se dirige no solo a los estudiantes, sino también a los jóvenes y a los muchachos no intelectuales, pero este trabajo no se llevará en las casas de San
Rafael de los Numerarios, sino en otros Centros.

Como es lógico, todos se han de formar
dentro del mismo espíritu, con líneas generales
comunes y unas características propias, que son
iguales para todos. Ya hemos dicho que la gente
que viene a esta obra no adquiere ningún vínculo
con el Opus Dei; son amigos del Opus Dei, que
reúnen las mínimas condiciones de selección.

Se les ha hablado del apostolado de la Obra,
y voluntariamente se han sumado a nuestro trabajo; se han unido a nosotros, para continuar siendo

---

[20] Ez 47,8-10.

lo mismo que eran antes: unos estudiantes cualesquiera, unos oficinistas, unos obreros más.

Es decir, que no adquieren ningún vínculo
jurídico —repito— con la obra, ni con las casas de
la Obra. Esta es la razón de que lo primero que
se les dice, en la primera clase a la que asisten, es
que no formamos ninguna asociación; que no
hay necesidad de firmar ninguna solicitud, para
unirse a la tarea apostólica del Opus Dei.

Es, sin embargo, cosa clara que los que vienen a for- 17
marse junto a nosotros sienten un cambio, una sa-
cudida interior, que hará a muchos mudar su vida;
y, a todos, despertar en su conciencia la obligación
de tratar de vivir como católicos consecuentes.

Sentirán, por lo menos, una atracción
sincera hacia el espíritu del Opus Dei, una ad-
miración humana —ante nuestro modo exclusi-
vamente espiritual de enfocar y de resolver los
problemas—, que servirá de base para inculcar en
ellos ideas sobrenaturales, un gran amor a la libertad con responsabilidad personal, y un deseo
que les lleva, al fin, a ser buenos cristianos y, quizá más tarde, a una entrega generosa al servicio
de Dios como socios de su Obra.

Comprenderéis mejor la labor de San Rafael, si 18
la consideráis con independencia de la labor de

proselitismo, aunque en realidad, la obra de San Rafael y el proselitismo van siempre unidos. Pero no podemos decir que, con un muchacho o con una chica, se hace labor de San Rafael, y, con otros, proselitismo; porque con todos hacemos labor de proselitismo, sean o no de San Rafael: unos recibirán la gracia de la vocación, y otros no.

Si fijamos nuestra atención en los que tratamos como simples amigos o amigas de la obra de San Rafael, iremos descubriendo la manera de desarrollar con naturalidad nuestro apostolado con ellos: qué es lo que hemos de enseñarles, lo que de ellos esperamos y lo que ellos esperan, lo que Dios les pide.

El proselitismo para la obra de San Rafael comienza, pues, por la amistad, por el trato humano o profesional con uno de mis hijos o con una de mis hijas. Amistad y trato que los de Casa sobrenaturalizan desde el primer momento, porque es una labor de apostolado; pero exteriormente los chicos de esta obra no lo ven desde el primer día, aunque después lo irán comprendiendo y asimilando sin necesidad de ninguna declaración expresa.

Esa amistad, esa relación con uno de vosotros se amplía después, de una parte, con el afecto, con la simpatía y por la frecuencia con que acude esa persona a la casa del Opus Dei, a la que comenzó a ir y se le enseñó que debía considerar como propia, como casa suya; todo esto, claro está, se une después a una amistad con los que conoce y trata en aquel hogar nuestro.

Y de otra parte, porque nace en la gente de San Rafael una aceptación, una adhesión al espíritu del Opus Dei; y un cariño, un querer de verdad a la Obra —a la que también comienzan a considerar como suya—, con la que se van identificando poco a poco.

En qué momento se incorpora a un chico a la obra de San Rafael

No es necesario esperar a tener una amistad ínti-   19
ma, para tratar de incorporar a un chico o a una chica a la labor de San Rafael. Pero sí será indispensable que sea amigo vuestro —porque sois de la misma ciudad y os habéis tratado allí, porque sois parientes, porque tenéis estudios comunes, o simplemente porque otro amigo os lo ha presentado—, para que sobre esa relación inicial se entable entre vosotros un cambio de ideas, que sirva de base para exponerle lo que pretendemos.

Sería necio que, sin más ni más, a uno que hemos tratado por primera vez, le hablemos de una Residencia o de otra obra corporativa, de unas clases de formación del Opus Dei, etc., puesto que lo más probable será que no nos entienda.

Y si han llegado a sus oídos falsas noticias sobre la Obra —esas que suele hacer rodar la gente mal intencionada o ignorante–, puede ser que crea que queremos *pescarle*, y dé la espantada. Será más difícil, en la mayoría de los casos, que a un amigo, que está en esas condiciones y con el que hayamos hablado así, podamos recuperarlo y hacer nada positivo con él: si no nos da un no rotundo o no elude el contacto con nosotros desde el primer momento, por cortesía o por falta de personalidad, nos estará engañando, nos engañaremos a nosotros mismos y perderemos el tiempo.

20 Esa relación previa es indispensable, para que la amistad nos permita conocer al que tratamos y, convencidos de que reúne las condiciones mínimas de selección, se le hable de la necesidad de un ideal por el que luchar; que no es otro que un catolicismo bien vivido, que ayude a conseguir también el mejoramiento de la sociedad y la solución de todos los problemas que este mundo presenta.

Le diremos que eso se puede lograr a base del mejoramiento de la conducta individual de cada uno, con una revalorización de las virtudes humanas, por lo general olvidadas; y que, como luchar solos es difícil, necesitamos apoyarnos unos en otros para perseverar en esa lucha. De esta manera, obtendremos los datos necesarios, porque, quien no sea capaz de comprender la Obra, no sirve para la labor de San Rafael.

Después habrá que considerar especialmente las virtudes humanas del posible candidato, sobre las que siempre se puede hacer una labor espiritual, mediante la gracia: que sea sincero, generoso, trabajador, noble, discreto, optimista. Los frívolos, con una frivolidad ya arraigada, no es fácil que puedan cambiar con las clases de formación.

También habrá que tener en cuenta la inteligencia, el porte exterior –para sostener el tono humano de la Obra–, la fama, el ascendiente entre sus compañeros y amigos, la capacidad para asimilar las ideas que se le enseñen.

No olvidéis que aquel que tuviera, por ejemplo, una deformación de piedad, y la mantuviese como un dogma inatacable, difícilmente encajaría, porque sostendrá sus criterios propios ya arraigados de apostolado, y la labor entre los demás será negativa.

Vengo hablando de selección y, aun cuando toco otra vez el punto en esta misma carta, para quitaros posibles escrúpulos y daros una conciencia recta, os digo que desear ser selecto no es soberbia, no es arrogancia querer ser mejores.

Por el contrario, es una virtud grata a Dios: puesto que conocemos el mal material de que estamos hechos y, para ser mejores, habremos de apoyarnos siempre en la misericordia y en la gracia del Señor, y repetir aquellas palabras de San Pablo: *omnia possum in eo qui me confortat*[21].

Tenemos, por tanto, obligación de formar esas almas, de una manera que les ayude a ser buenos católicos, rectificando su conducta, inculcándoles la necesidad de la vida interior, y poniendo en su conciencia el convencimiento de que el trabajo de cada día es el medio más apto para conseguir la perfección cristiana, y para hacer el bien a las almas todas.

22   De esta manera, se les va encaminando, ayudados por la dirección espiritual personal y voluntaria con un sacerdote amigo de Casa y con charlas particulares con un socio de la Obra —o con una asociada, si es mujer—, en la práctica de la vida interior.

Es necesario, pues, no dejarles; que lo que se comenzó, con tan buenos auspicios, con tanta rectitud, se acabe bien. No podemos abandonarles, aunque veamos que no llegarán a tener vocación. Esto podría hacer mucho daño a los interesados, y a la misma labor de San Rafael en general.

Se quedarían resentidos, amargados; hablarían mal de nosotros —con motivo—, enrarecerían el ambiente y dificultarían la tarea con otros, a los

---

[21] Flp 4,13.

que prevendrían contra la Obra. Mucha visión sobrenatural hemos de tener y mucho espíritu de responsabilidad, para poner con estos jóvenes el mismo o mayor empeño que antes, en mantener-los unidos al apostolado de San Rafael.

Elección de los medios de formación

23 Cuando comienza a venir alguno nuevo a una casa o a un Centro, es muy importante que los encargados de esa tarea –de acuerdo con el que le trata y le conoce– determinen a qué elemen-tos de formación deberán incorporarle, y cuán-do es el momento oportuno para hacerlo.

A las clases de formación, por lo general, no es oportuno que asistan todos. Puede haber casos en los que, por falta de tiempo o por otras circunstancias, conviene no pedirles que vayan. Es decir, con cada uno hay que hacer un plan, y tratar de cumplirlo, ayudando al interesado para que lo cumpla.

24 Es forzoso que los Numerarios, por las exigencias de su formación y por las necesidades de la Obra, aunque se tienda a no moverlos, tengan que cam-biar de ciudad –incluso en muchos casos más de una vez– durante sus estudios, pero no por esto de-ben quedar abandonados los chicos de San Rafael, a quienes trataban. Para evitarlo hay que procurar

que esos muchachos estén *de verdad* en la obra de San Rafael y unidos no tan solo a su amigo, sino a una casa y a varias personas de ese Centro.

Por medio de las clases y, sobre todo, por medio de la hija mía o del hijo mío que les trata, hay que inculcar en todos la seriedad de la labor: hacerles ver el carácter voluntario de la asistencia a los medios de formación, a los retiros, a las excursiones, etc.

Pero también hay que explicarles que no se trata jamás de un juego de niños, y que no pueden supeditar la vida de la obra de San Rafael a su estado personal de ánimo o a otras circunstancias o infantilismos; que el hecho de venir a una casa del Opus Dei, les hace necesario vivir con espíritu de sacrificio y con generosidad esos detalles, en apariencia pequeños; y que si no toman desde el principio esta decisión, es preferible que se marchen, porque ocasionarán molestia a todos.

25   Venimos hablando de un proselitismo, que es muy distinto de aquel otro que consiste en fomentar, con la gracia de Dios, el que haya almas capaces de *dedicarse personalmente* —no digo consagrarse, porque esta palabra es propia de religiosos—, capaces de dedicarse por entero al servicio del Señor y de su Iglesia, en la Obra de Dios: este proselitismo, en muchos de los casos, será fruto de la labor de San Rafael.

Cuando, entre los que frecuentan las casas de esta obra de jóvenes, se ve que hay algunos capaces de esa entrega total, conviene darles pequeños encargos, encomendarles gestiones, hacer que ayuden tanto en cosas materiales —pequeños arreglos de la casa— como en cosas de mayor importancia. Todo esto les aumentará el amor que les llevará hasta la vocación, recibiendo gozosos la llamada divina.

Se me ocurre que debo haceros, una vez por todas, una advertencia: al dirigiros estas cartas, hijas e hijos míos, no pretendo nunca hacer un tratado. Escribo con la sencillez y con el calor de corazón, que pone un padre o una madre cuando habla a sus hijos: no os extrañe, por tanto, que en la misma carta, con un evidente desorden, trate en distintas partes de facetas diversas de los mismos asuntos y que, a veces, os parezcan repeticiones. Pero de estas *repeticiones* ya os hablaré más adelante en otro documento, porque tienen su razón.

El sostenimiento de las casas de San Rafael   26
debe ser cosa que cargue sobre los mismos muchachos o muchachas, y sobre sus familias, sobre sus padres, a quienes hemos de procurar tratar siempre, haciéndoles colaborar; y a muchos, primero como amigos, y espero que más adelante como hermanos.

Por eso, aparte de los donativos pequeños o grandes que los chicos o sus familias quieran entregar en las manos del Director o del Secretario de la casa, conviene que haya en lugar discreto una hucha, para que cada uno sin espectáculo y pasando inadvertido eche lo que pueda, lo que su espíritu de generosidad le dicte. Convendrá que los amigos más antiguos de la obra repitan al oído a los nuevos que ese es un modo –de justicia– de corresponder y de agradecer lo que en la casa de San Rafael se les da.

En la contabilidad que llevamos, es emocionante ver que un muchacho entrega los pocos céntimos que debía haber gastado en el tranvía: prefirió venir a pie. Y yo os digo que, aunque sea poco, quizá este da más que el que se desprende de mucho porque tiene mucho.

27* Dejan de ser miembros de la obra de San Rafael, en primer lugar, cuando escriben la carta pidiendo ser recibidos en la Obra para dedicar enteramente su vida al servicio de la Iglesia y de las almas; o después, si al pasar el tiempo esos amigos nuestros sienten nuestra vocación, pero no con una entrega de este estilo, cuando pidan la entrada en la Obra con idéntica vocación divina,

---

* "escriben la carta": ver glosario (N. del E.).

para una entrega a Dios, en el Opus Dei, que sea de otra forma.

Otros dejan de pertenecer a la obra de San Rafael cuando ya comienzan a consolidar su situación profesional, y el apostolado con ellos debe corresponder más bien a la obra de San Gabriel.

Finalmente, otros, cuando voluntariamente se alejan, o bien porque se vio que no encajaban en la labor, ya que nunca llegarían a comprender y a asimilar el espíritu de la Obra; o porque se ausentan y la vida les lleva a lugares muy lejanos, donde solamente pueden colaborar con la oración. Procurad siempre, con todos estos, tener una relación cordial: inmediata y personal con los primeros, por correspondencia con los segundos. Creedme: si no lo hacéis así, perderéis colaboradores muy estimables y dejaréis de hacer bien a esas almas.

Para lograr toda esta tarea formativa de la obra de   28
San Rafael, contamos con una gran variedad de medios y de actividades apostólicas. Entre esos medios, algunos, que son ya tradicionales, se han usado con probada eficacia en bien de las almas desde los comienzos de nuestra Obra: los Cursos de Formación, la catequesis y las visitas a los pobres de la Virgen, las meditaciones, los retiros espirituales y —en general— los actos litúrgicos de piedad que se hacen en nuestras Residencias.

Estos medios son perennes y han de usarse siempre y en todo lugar, al realizar la labor de San Rafael: porque caracterizan este apostolado y dan vida a todas las demás actividades, que se desarrollan alrededor de esta labor de San Rafael.

Debéis tener, hijas e hijos queridísimos, una gran seguridad en la eficacia sobrenatural de vuestro trabajo apostólico: si empleáis fielmente los medios tradicionales, todo marchará bien. Puede haber en algún momento dificultades de un tipo o de otro, pero siempre se superan; son cosas de ordinaria administración, que venceréis con vuestro sacrificio, con vuestra oración y con vuestra alegría.

Los Cursos de Formación

29 Los Cursos de Formación son el elemento esencial de la obra de San Rafael. Con ellos alimentamos continuamente la vida de piedad de los chicos y les ayudamos a completar y a hacer más honda su formación doctrinal, dándoles –con *don de lenguas*– los tesoros de la Verdad cristiana: se empieza por explicar de manera adecuada a los oyentes –y sin decirles que es eso, porque algunos se sentirían humillados– el catecismo y la apologética, ya que muchos, aunque tengan buena voluntad y sean hijos de familias cristianas, en la familia y en los colegios no han recibido formación de doctrina, sino solamente un barniz endeble de *pietismo*.

Copio, a este propósito, unas palabras de Santo Tomás muy oportunas. *Las gracias gratuitamente dadas son para la utilidad de los demás, como ya se ha dicho. Pero el conocimiento que alguien recibe de Dios no puede extenderse para la utilidad de otro, sino mediante la palabra. Y como el Espíritu Santo no falta en nada de lo que conviene a la utilidad de la Iglesia, también asiste a los miembros de la Iglesia en el uso de la palabra: no solo para que uno hable de tal modo que le entienda gente diversa, que es lo que corresponde al don de lenguas; sino también para que hable con eficacia, que es lo propio de la gracia o don de la palabra.*

Y esto tiene tres aspectos. Primero, para instruir el entendimiento: que es lo que ocurre cuando se habla de modo que se enseña. Segundo, para mover el afecto, esto es, para que se oiga con agrado la palabra de Dios: que es lo que sucede cuando se habla deleitando a los oyentes, lo que no debe nadie buscar en favor de sí mismo, sino para estimular a la gente a oír esa palabra de Dios. Tercero, para que se ame aquello que con palabras se significa, y quiera cumplirse: que es lo que se obtiene al emocionar al oyente.

Y para lograr todo esto, el Espíritu Santo usa la lengua del hombre como un instrumento: pero es Él mismo el que realiza perfectamente la obra, en lo interior del alma del que escucha[22].

_____

[22] Santo TOMÁS DE AQUINO, *Summa Theologiae*, II-II, q. 177, a. 1 c.

30   Enseñad a los chicos que la Iglesia es una rea-
      lidad viva, y que ellos mismos son la Iglesia.
      Decidles que somos criaturas de Dios, pero no
      bestias, sino hijos de Dios. Hacedles compren-
      der que se logra poco con la violencia, que se
      logra más con la oración y con el estudio.
          Ya en el primer Centro hice pintar un car-
      tel −ahora hay carteles iguales en todas nuestras
      casas de San Rafael−, con unas palabras de la
      Escritura que recuerdan que hay un mandato
      nuevo, el de la caridad: aquel amaos los unos a
      los otros. Quitadles todo pensamiento de recelo;
      decidles que la verdad no necesita de secretos ni
      de secreteos. Hacedles ver que la vida pasa, que
      hay poco tiempo para amar.
          Hijos míos, veréis chicos −vosotras, hi-
      jas, veréis muchachas jóvenes−, que son capa-
      ces de todos los entusiasmos y de todos los
      sacrificios, pero que tienen algún defecto gran-
      de que les imposibilita, si no para continuar en
      la obra de San Rafael, sí para recibir la llamada
      divina en alguna de las formas de las que os he
      hablado antes.
          Hay que rezar por ellos, pensar en nosotros
      mismos y recordar las palabras del salmo: *pauper
      sum ego et in laboribus a iuventute mea*[23]; soy un
      pobre hombre, metido en trabajos y en errores

_____

[23] Sal 88[87],16.

desde mi juventud. Si yo soy así, no me puede extrañar que estos sean de esa manera.

Y se puede ir a la oración, y traer ante la presencia de Dios el recuerdo de esos muchachos, de esas muchachas; y agradará al Señor que cantemos por lo bajo, sin ruido de palabras, aquel cantar de la tierra andaluza: *merecía esta serrana* —esta alma— *que la fundieran de nuevo, como funden las campanas*. Y el Señor nos escuchará.

Tened en cuenta que la Obra no es *una cosa trasplantada*. El trasplante hay que hacerlo solamente en dosis homeopáticas, porque el Opus Dei es una realidad teológica, apostólica, y después jurídica, que ha de nacer en cada país —sea de la raza que sea, del continente que sea—, en la propia carne de las gentes de aquella raza y de aquel continente. Si nosotros tenemos buen espíritu, la Obra enraizará siempre, de modo que parecerá natural, y será enteramente sobrenatural la Obra de Dios.

31

Cuando os escribo, me sucede que muchas veces recuerdo aquellas palabras de San Pablo a los de Éfeso —porque sé bien de qué barro estoy hecho, porque conozco hasta dónde puedo llegar en el mal, si Dios me deja—: *mihi omnium sanctorum minimo data est gratia haec, in gentibus evangelizare investigabiles divitias Christi, et illuminare omnes*[24]; a mí, que soy el último de todos, me ha dado Dios esta gracia: ilustrar a los hijos míos, descubriéndoles los modos admirables de la sabiduría y de la gracia del Señor.

Y añado, con toda la humillación de mi falta de correspondencia, en el fondo de este corazón mío: *huius rei gratia flecto genua mea ad Patrem Domini nostri Iesu Christi, ex quo omnis paternitas in caelis et in terra nominatur*[25]; por este motivo doblo mis rodillas ante el Padre de mi Señor Jesucristo, del cual viene toda paternidad en el cielo y en la tierra. Sois hijos de Dios: aunque a mí me llaméis Padre, bien sabéis que no soy nada: polvo de la tierra.

32   Y continúa San Pablo: *ut det vobis secundum divitias gloriae suae virtute corroborari per Spiritum eius in interiorem hominem; Christum habitare per fidem in cordibus vestris; in caritate radicati et fundati, ut possitis comprehendere cum omnibus sanctis quae sit latitudo, et longitudo, et sublimitas, et profundum*[26]; para que, según las riquezas de su gloria, os conceda por medio de su Espíritu el ser fortalecidos en el hombre interior, y el que Cristo habite por la fe en vuestros corazones; y estando cimentados

---

[24] Ef 3,8.

[25] Ef 3,14.

[26] Ef 3,16-18.

en la caridad, podáis comprender con todos los santos, cuál sea la anchura, y la longitud, y la altura y la profundidad de este misterio.

¡Esa es toda la grandeza de la vida que Dios nos pide: no podemos llevar una vida chata! *Scire etiam supereminentem scientiae caritatem Christi, ut impleamini in omnem plenitudinem Dei*[27]; y quiere que conozcamos aquel amor de Cristo hacia nosotros, que sobrepuja a todo conocimiento, para que seamos plenamente colmados de todos los bienes de Dios.

Responsabilidad apostólica. La labor con los jóvenes

Estos dones son para que los hagamos conocer   33
a otros: por eso os dais cuenta sencillamente de que nunca será más fácil y más fructuoso darlos que estando al lado de la gente joven, para ayudarles; para enseñarles a practicar los medios espirituales, que les harán vencer en los comienzos de la lucha ascética, cuando las pasiones empiezan a despertar y aparecen también en el ánimo las primeras rebeldías, los primeros afanes de independencia.

Novellas adhuc et vix firmae radicis arbusculas, dum ad omnem ductum sequaces sunt, in quamlibet partem flecti facile est; quae natura plerumque

―――――
[27] Ef 3,19.

curvatae cito ad colentis arbitrium corriguntur[28]; los árboles jóvenes, con raíces todavía poco firmes, se mueven siguiendo la dirección de los empujes que reciben, y son fácilmente desviados hacia cualquier parte; pero esos pequeños árboles, retorcidos de ordinario por los embates de la misma naturaleza, pueden ser fácilmente y con rapidez enderezados, según la voluntad de quien los cuide.

34   En el Curso Preparatorio se habla a los chicos sobre temas de vida interior, haciendo hincapié siempre en la ascética propia de la Obra: el trabajo santificado y santificador.

Los Cursos Profesionales, que frecuentan los chicos después de terminar el Preparatorio —y que son cosa distinta de la labor que, con carácter personal, deben realizar los socios de la Obra individualmente o en asociaciones públicas o privadas de tipo profesional—, tienen como fin difundir entre los que asisten criterio católico sobre problemas actuales concretos de naturaleza religiosa, social, profesional, etc. Ese criterio es el que se ha de dar también a nuestros amigos, en una parte de los Círculos de Estudios de la labor de San Gabriel, para que ellos a su vez lo difundan en sus tertulias y ambientes.

---

[28] PELAGIO, *Epistula ad Demetriadem*, 13 (FC 65, p. 104).

Al exponer los distintos temas, habréis de tener en cuenta siempre la preparación de los que asistan, acomodando incluso el temario al grupo de que se trate: estudiantes, empleados, campesinos, obreros, etc.

Será prudente hacer ver a los chicos que no hace falta que tomen notas en las clases, ni en los otros medios de formación; y que, si las toman, es mejor que las entreguen. Así se les acostumbra a no llevar consigo apuntes espirituales o de asuntos de conciencia; y se evita que haya quien, por falta de conocimiento, escriba errores que atribuya a vuestras enseñanzas.

Si les llama particularmente la atención un punto concreto, y quieren conocerlo mejor, les daréis con mucho gusto las oportunas orientaciones, indicándoles algún libro en el que puedan profundizar la materia.

Como un punto de su formación apostólica, debéis moverles a tomar parte activa en asociaciones profesionales, artísticas, deportivas, culturales; al hacer esto, respetaréis siempre su libertad personal para inscribirse o no, y para hacerlo en las que quieran. Sin embargo, se ha de

35*

---

* Sobre el sentido del "no hacemos grupo", ver glosario (N. del E.).

procurar también aconsejarles debidamente sobre esas asociaciones, cuando de alguna manera guarden relación con la fe o con las costumbres.

No hay tampoco inconveniente en que pertenezcan a asociaciones religiosas, procurando formar a otros para que las dirijan, quedándose ellos humildemente en la sombra. Sabéis muy bien, hijas e hijos míos, cuál es mi criterio en esta materia. Recomendamos a los chicos su participación en las asociaciones que recomiende el Ordinario del lugar, pero sin imponerles ninguna falsa obligación, porque tienen en esto completa libertad.

El hecho de pertenecer a una asociación religiosa, de cualquier clase que sea, no es incompatible en absoluto con participar en la labor formativa de la obra de San Rafael. Nosotros no hacemos grupo, ni constituimos asociaciones religiosas propias de la Obra.

36* A los Cursos Profesionales los chicos vienen a aprender, a adquirir criterio. No se trata de fomentar inquietudes enfermizas, de dar pábulo al gusto —tan extendido— de *problematizarlo* todo, o de *arriesgarse* en aventuras ideológicas; sino de darles doctrina sólida, profunda y segura, vibración

---

* "orientar sus lecturas": ver glosario (N. del E.).

apostólica y más vida interior. Se ha de evitar, pues, tanto la dialéctica vana como el simplismo de una lección rutinaria.

Hablarles de problemas propios de especialistas en teología, es ordinariamente desorientarles, perder el tiempo, ponerles en peligro —a veces— de perder también la fe, porque no tienen preparación filosófica y teológica suficiente para meterse en esas honduras.

Siempre hemos puesto especial interés en la recta formación doctrinal de nuestra gente de San Rafael. Desde que se acercan a nosotros, procuramos orientar sus lecturas, aconsejarles obras de buen criterio, desaconsejarles otras, razonarles —breve, pero claramente— el porqué de los derechos de la Iglesia en esta materia.

Los Cursos son también una ocasión magnífica para que algunos amigos mayores colaboren. Pueden desarrollar ellos los temas que estén en condiciones de exponer con claridad y precisión, dirigiendo después con competencia los cambios de impresiones.

Quiero recordaros aquí que —como siempre— esos cambios de impresiones no son una revisión crítica de la doctrina expuesta, ni mucho menos una discusión: son un rato tranquilo de estudio. Tienen por fin aclarar dudas sinceras y positivas, o facilitar argumentos o precisiones de detalle, para que los chicos expongan después con eficacia esa doctrina a otras personas. Para alcanzar esta finalidad, conviene que los Numerarios y los amigos que asisten a la clase como alumnos, ayuden al que preside a dirigir con orden esa conversación.

No olvidéis que si parece que va a encenderse una polémica apasionada, es mejor aconsejar que pongan por escrito su pensamiento brevemente y con la mayor precisión que puedan: y después se concreta de palabra solo al interesado, a no ser que la materia pueda ser útil a toda la clase.

Será interesante que esos amigos, que intervienen en esta labor, presten ayuda profesional concreta a los mejores alumnos de los Cursos Profesionales. Con su experiencia y su madurez podrán orientarles y aconsejarles eficazmente.

Muchas veces encontrarán además en estos jóvenes –profesionalmente selectos– buenos colaboradores para su propio trabajo; y de este modo habrá también ocasión de seguir en relación con ellos y de prolongar, como he dicho antes, el trato apostólico: *servans semitas iustitiae, et vias sanctorum custodiens*[29], ayudándoles a guardar el camino de su rectitud.

---

[29] Pr 2,8.

Papel del sacerdote

Para completar ese trabajo de formación que   38
hacéis vosotros, hijas e hijos míos, está la labor
del sacerdote. Con su predicación frecuente,
esos amigos nuestros sacerdotes –pronto, con
la gracia de Dios, serán hermanos vuestros sacerdotes los que hagan esa labor– os ayudarán a
que los chicos vayan ahondando en la doctrina
que se les da en los Cursos de Formación, ha-
ciéndola vida propia: lucha ascética generosa y
vibración apostólica.

En todas las casas donde se haga labor de
San Rafael podrá haber una meditación semanal
para ellos, de ordinario los sábados, en honor de
la Virgen. También se les ofrecerá la posibilidad
de hacer todos los meses un día de retiro espiritual, y de asistir a cursos anuales de retiro, que
tan eficaces son para progresar en la vida interior.

Al invitarles a asistir a todos estos medios
de formación, les explicaremos siempre que son
completamente libres para frecuentarlos o no,
porque no tienen obligación de ninguna clase.

Cuando tengamos sacerdotes de la Obra,
como parte esencial de su labor en este apostolado, desarrollarán una amplia tarea de dirección
espiritual personal, ofreciendo así a todos el
modo de seguir aquella recomendación divina:
cor boni consilii statue tecum... ut dirigat in veritate

viam tuam[30]; que tengan junto a sí a un buen consejero, que los dirija en la verdad por el camino que lleva a Dios.

39 Con espíritu de sacrificio, dedicarán los sacerdotes muchas horas a atender a los que frecuentan nuestras casas, a los amigos que les lleven sus hermanos y los mismos chicos de San Rafael: todos irán gustosamente al sacerdote, para abrir con sencillez el corazón y recibir de sus manos la gracia.

También aquí insisto una vez más en que respetaremos siempre la libertad de los chicos, para acudir a cualquier sacerdote –al que quieran– para recibir dirección espiritual. Nosotros les ofreceremos los de la Obra, en armonía con los otros medios de formación que reciban, pero no les impondremos nada.

La catequesis. Las visitas a los pobres de la Virgen

40 Me da mucha alegría, hijas e hijos queridísimos, toda esa tarea de catequesis que realizáis, como parte de la obra de San Rafael. Fue esta la primera manifestación apostólica del Opus Dei, y es lógico que sea así, porque todos nuestros apostolados son medio para dar doctrina: son

---

[30] Si 37,17.19.

catequesis. Hemos de catequizar a todas las gentes. Os suelo decir que el catecismo es para que lo aprendan los niños y lo practiquen los niños y los mayores.

Para hacer esta labor, hemos ido a los barrios pobres, dando preferencia a los más necesitados, ofreciendo a los párrocos este servicio en favor de las almas que tienen encomendadas. Estos sacerdotes comienzan a entender nuestro espíritu y toman cariño a la Obra, al ver el celo con que vosotros y los chicos de San Rafael hacéis este apostolado, disponiendo a los niños para recibir la primera comunión y explicando también el catecismo a los adultos.

Sin embargo, antes de invitar a los chicos de San Rafael a dirigir esas clases, es preciso prepararlos bien: que conozcan la doctrina que han de enseñar —con la suficiente amplitud y profundidad— y que tengan un mínimo de formación pedagógica, es decir, que estén en condiciones para esta labor de catequesis. Es una preparación —adecuada, en cada caso, a la condición de las personas: niños o adultos, etc.— que no puede nunca darse por supuesta, y que en muchos casos los chicos de San Rafael tendrán que adquirir a vuestro lado.

Los pobres de la Virgen. También comenzó   41
esta delicadeza de caridad muy pronto, con los

primeros pasos de la Obra. *Declina pauperi sine tristitia aurem tuam..., et responde illi pacifica in mansuetudine* [31]; escucha gustosamente al pobre... y háblale siempre con mansedumbre y con palabras de paz.

Esas visitas llenas de afecto, oyéndoles con cariño, llevándoles unas palabras amables —cristianas, fraternales— y alguna pequeña cosa de las que de ordinario no gozan, es una finura de caridad espiritual, que además hace mucho bien a nuestros chicos de San Rafael.

Este contacto con la miseria o con la humana debilidad es una ocasión de la que suele valerse el Señor, para encender en un alma quién sabe qué deseos de generosas y divinas aventuras. A la vez, sensibiliza a los más jóvenes, para que tengan siempre entrañas de justicia y de caridad.

Con estas sencillas visitas no vamos a resolver ningún problema social. Explicadlo así a los chicos: se trata de llevar un pequeño regalo extraordinario que conforte a un pobre, a un enfermo, a alguno que está solo; hacer que pase un rato agradable, prestarle quizá algún pequeño servicio, y nada más.

Lo entenderán enseguida, si van teniendo vida interior; y si además saben que hacemos esto también para honrar a Nuestra Señora: Ella

---

[31] Si 4,8.

es madre, Madre de Dios y nuestra Madre, y conoce lo que unos corazones jóvenes quieren significar con estos mínimos actos de amor a sus hermanos necesitados.

Es una gran obra de caridad y de justicia procurar que no haya pobres, que no haya analfabetos e ignorantes. Pero siempre la caridad tendrá que actuar, porque nunca llegará la justicia a lograr, en el mundo, toda esta ventura para los hombres; y, además, siempre habrá quienes sufran la pobreza de la soledad o de la incomprensión.

42

Por eso, repito que son especialmente formativas las visitas a los pobres de la Virgen. Aprenden de este modo las almas a gustar el ejercicio de una caridad fraterna viva y práctica; y, al ver a otros que están material o espiritualmente necesitados, agradecen al Señor los bienes que de Él han recibido.

No tratamos tampoco con estas visitas de despertar superficiales inquietudes sociales. Se trata —ya lo he dicho— de acercar esta gente joven al prójimo necesitado. Nuestros chicos de San Rafael ven —de una manera práctica— a Jesucristo en el pobre, en el enfermo, en el desvalido, en el que padece la soledad, en el que sufre, en el niño.

Entonces dirá el Rey a los que están a su derecha: venid, benditos de mi Padre, y tomad posesión del reino preparado para vosotros desde la creación del mundo. Porque tuve hambre y me disteis de comer; tuve sed y me disteis de beber; peregriné y me acogisteis; estaba desnudo y me vestisteis; enfermo y me visitasteis; preso y vinisteis a verme.

Y le responderán los justos: Señor, ¿cuándo te vimos hambriento y te alimentamos, sediento y te dimos de beber? ¿Cuándo te vimos peregrino y te acogimos, desnudo y te vestimos? ¿Cuándo te vimos enfermo o en la cárcel y fuimos a verte? Y el Rey les dirá: en verdad os digo que cuantas veces hicisteis eso a uno de mis hermanos pequeños, a mí me lo hicisteis[32].

Dar siempre vida nueva a estos medios de formación

43   Se ha desfigurado tanto y se ha hecho tanta sátira de ciertas manifestaciones deteriores de la caridad benéfica, que a algunos les parecen arcaísmos determinadas obras propias del espíritu cristiano. Por eso quiero que entendáis bien —y que hagáis entender— el hondo significado sobrenatural y humano de estos medios, tal como los hemos vivido desde el principio.

Son una obra de misericordia, bendecida por Jesucristo: la visita al enfermo, el consuelo al afligido. No es justo que manifestaciones del auténtico espíritu cristiano queden arrinconadas,

---

[32] Mt 25,34-40.

porque algunos las han convertido en gesto os-
tentoso y frívolo, o en sedante para sus remordi-
mientos de conciencia.

No dejéis perecer, por rutina o por pereza,
la eficacia divina de estos medios tan cristianos.
Dadles siempre vigor nuevo, haciendo comprender que no se trata de un gesto pasado de moda,
sino de un acto valioso y entrañable, que debe
llevar a conclusiones operativas. Enseñad, pues,
el gran valor sobrenatural de esos actos pequeños, que ayudan a ganar el cielo y dan la felicidad en la tierra.

Tened presente que, cualesquiera que sean las cir-   44
cunstancias del país, siempre podremos practicar
esta afectuosa caridad: *pauperes enim semper habetis
vobiscum*[33]; siempre habrá pobres, siempre habrá
alguien más necesitado —aunque se logre que la
mayoría del pueblo tenga un mínimo de bienestar material—, que reciba con alegría un pequeño
obsequio extraordinario, algo que ordinariamente
no puede permitirse, y que es, de modo especial,
como el vehículo por el que le llega un poco de
delicadeza y de fraterna compañía.

Me atrevo a decir que, cuando las circunstancias sociales parecen haber despejado de
un ambiente la miseria, la pobreza o el dolor,

[33] Jn 12,8.

precisamente entonces se hace más urgente esta agudeza de la caridad cristiana, que sabe adivinar dónde hay necesidad de consuelo, en medio del aparente bienestar general.

La generalización de los remedios sociales contra las plagas del sufrimiento o de la indigencia —que hacen posible hoy alcanzar resultados humanitarios, que en otros tiempos ni se soñaban—, no podrá suplantar nunca, porque esos remedios sociales están en otro plano, la ternura eficaz —humana y sobrenatural— de este contacto inmediato, personal, con el prójimo: con aquel pobre de un barrio cercano, con aquel otro enfermo que vive su dolor en un hospital inmenso; o con aquella otra persona —rica, quizá— que necesita un rato de afectuosa conversación, una amistad cristiana para su soledad, un amparo espiritual que remedie sus dudas y sus escepticismos.

Quizá en ambientes donde predomine un sentido materialista, esto no se entienda; por eso os decía antes que —entenderlo— requiere un mínimo de vida interior, de visión cristiana, de amor a Dios y al prójimo.

45 Junto a estos medios tradicionales, que no han de faltar nunca, habrá una serie de actividades culturales, científicas, artísticas, deportivas, etc., que permitirán acercar a nuestro apostolado un gran número de personas jóvenes. No olvidéis

que nos interesan todas las almas: hemos de abrirnos en abanico, para llevar la luz de la buena doctrina a todas partes.

Aunque al principio no serán a veces demasiados los muchachos que luego asistan a los Cursos de Formación —porque esto exige ya un cierto grado de madurez—, al participar en esas otras actividades, alrededor de la obra de San Rafael, os darán ocasión para ayudarles, completando algunos aspectos de su formación humana, cultural, profesional, religiosa; y para prepararles a llegar, de algún modo, a estar en condiciones de ser *selectos*.

Las posibles iniciativas son innumerables:
hay una amplia libertad

Son innumerables, en su diversidad, las labores que pueden organizarse *en y desde* nuestras casas. Ya lo habéis visto en estos años, hijas e hijos míos, y lo veréis aún mejor en el futuro, al extenderse nuestro apostolado —con la gracia de Dios— por toda la tierra.

No he querido nunca ataros, sino que, por el contrario, he procurado que obréis con una gran libertad. En vuestra acción apostólica habéis de tener iniciativa, dentro del margen amplísimo que señala nuestro espíritu, para encontrar —en cada lugar, en cada ambiente y en cada

46

tiempo– las actividades que mejor se acomoden a las circunstancias de los jóvenes que se tratan.

Para estudiantes universitarios, tertulias culturales; para otras personas no intelectuales, un club deportivo; para jóvenes campesinos, clases prácticas de agricultura; etc., etc. Son variadísimas las posibilidades, pero tienen siempre un rasgo común: son labores laicales, seculares, propias de nuestro modo apostólico específico; y no son jamás actividades eclesiásticas, ni labores oficiales de la Iglesia.

Procuramos facilitar medios que sean formativos, que sean del gusto de la gente, a la que van dirigidos, y que sirvan para conocer a esas personas, para tratarlas y para acercarlas al calor de nuestro espíritu y a la luz de la doctrina de Jesucristo. Es precisamente este conjunto de actividades lo que da a la obra de San Rafael una perfecta adaptabilidad en cualquier circunstancia. Nuestra labor con la juventud –podemos decir– es un traje hecho a la medida de cada tiempo y de cada lugar.

47   Las actividades culturales, los ciclos de conferencias, los cursos monográficos, etc., habrán de ser siempre ocasión para enseñar buena doctrina: divulgar con naturalidad los principios del derecho público eclesiástico, de la doctrina social de la Iglesia; dar a conocer los derechos y los

deberes de los católicos en la vida pública, en la vida profesional, en la vida familiar.

Se pueden tener también cambios de impresiones sobre temas de especial actualidad, pero habréis de poner entonces un empeño particular en seguir el criterio que os he dado: las cosas se estudian, no se discuten, y solo enseña el que tiene la preparación necesaria para hacerlo.

Quienes tomen parte habrán de estudiar previamente, con sentido de responsabilidad —sin improvisaciones ni ligerezas—, la materia de que se va a tratar, y deberán escuchar con serenidad opiniones contrarias a las suyas, con amor a la libertad de los demás —en todo lo que es opinable— y con esmero grande en la caridad.

Como un medio formativo más, puede ser conveniente tener en algunas de nuestras Residencias cine de buena calidad —moral y artística—, quizá formando un club, abonando los socios sus respectivas cuotas, de modo que esta actividad no represente una carga para la casa. **48***

Es más, muchas de estas labores realizadas en torno a la obra de San Rafael deben ser una

---

* Sobre las diferencias con las asociaciones y sobre el signgificado de la expresión "apostolado de no dar", ver glosario (N. del E.).

ayuda para el sostenimiento del Centro, viviendo siempre con los chicos el *apostolado de no dar*, porque lo que no cuesta, no se estima.

También habría que pensar en organizar sesiones de carácter literario, conciertos y otras actividades artísticas, con el fin de tratar a chicos que frecuenten círculos de esa clase, conservatorios de música, escuelas de bellas artes, etc. Es este un apostolado urgente, y de extraordinaria eficacia: *sit mihi carmen istud pro testimonio*[34], que sea también el arte en todas sus manifestaciones testimonio vivo de nuestra fe católica, suave y poderoso estímulo que empuje las almas a Dios.

49 Suelen ser también útiles las excursiones, para estrechar la amistad con los chicos y conocerlos mejor. Les hace bien salir de vez en cuando de su ambiente habitual de estudio o de trabajo. El motivo puede ser una visita a un lugar de interés histórico o cultural, o un simple paseo por el campo, siempre que sea una cosa razonable, proporcionada —no se trata de poner a prueba su resistencia física—, y de acuerdo con su propensión.

Con pillería santa, es fácil encontrar —en esas ocasiones— momentos para una confidencia más íntima con los chicos, para hacer una breve

---

[34] Dt 31,19.

práctica religiosa, y abrir a sus ojos insospechados horizontes de santidad y de apostolado.

Aprovechando unos días de vacaciones, se podrán organizar también campamentos, que tengan el tono de nuestras casas. Allí podréis enseñarles de modo práctico tantos pequeños detalles de preocupación por los demás, les ayudaréis a cultivar las virtudes humanas, y con toda naturalidad vivirán con vosotros algunas de nuestras Normas de piedad.

Donde es costumbre que los estudiantes trabajen durante los meses en los que se cierra la universidad, se podrá pensar también en que algunas personas o empresas organicen trabajos para el tiempo de vacaciones, con el fin de ofrecer a los chicos ocupación remunerada, y tener así la oportunidad de seguir formándolos.

No hay inconveniente en constituir grupos de trabajo durante el verano, pagando lo necesario a quienes lo necesiten, porque otros se ofrecerán gratuitamente. Con esto podremos lograr algunas veces tener un instrumento material más de apostolado —una pequeña casa, un refugio, etc.—, y además realizar labores de índole benéfica construyendo, por ejemplo, viviendas en el campo o en la ciudad, para necesitados; haciendo tareas concretas en hospitales o escuelas, etc.; o un instrumento cultural —excavaciones, labores

50

de investigación– dirigidas por algunos amigos, por ejemplo, donde puedan participar los chicos de San Rafael.

Siempre encontraremos la fórmula oportuna. Otra tarea, por ejemplo, que puede servir de medio para la obra de San Rafael –no os parezca una tontería– es recoger y restaurar muebles, trastos viejos, que desinfectados y rehechos con arte nos ahorrarán dinero, a la hora de montar una nueva casa.

No se debe descuidar, en cada país, el apostolado con estudiantes extranjeros, que es una manifestación más de la universalidad de nuestro espíritu. Hemos de dirigirnos a todos, a católicos y a no católicos, sin discriminación de raza o de lengua.

Muchos llegarán a tener cariño a la Obra, y algunos recibirán la gracia de la conversión, y aun la de la vocación: y así, abriréis a la vez camino para que nuestro apostolado se extienda a otras tierras.

Chicos pequeños

51   La labor de San Rafael no se limita a chicos mayores, sino que se extiende también a otros más jóvenes, como los estudiantes de bachillerato, por ejemplo. Tratándose de estudiantes, suele resultar muy útil una actividad de orientación

profesional, para facilitarles la elección de carre-
ra; o la organización de un curso sobre alguna
materia que no estudien en su propio colegio,
o una serie de conferencias sobre temas vivos,
acomodados a su capacidad.

Hemos de llegar incluso a los más jóvenes, para que empiecen a conocer y a vivir de
algún modo la parte básica de nuestro espíritu
desde pequeños. Habrá que buscar una manera
adecuada de entretenerlos cuando se reúnan: un
juego formativo, unas clases prácticas con el fin
de desarrollar habilidades manuales, etc.

Podéis organizar un club para ellos, o incluso formar un grupo de *scouts*, siempre que
tengáis la autonomía suficiente para trabajar. Y
así les haréis mejores, hablándoles de Dios, enseñándoles a vivir como cristianos. Es una labor
pedagógica que exige mucha paciencia y espíritu
sobrenatural, pero que dará fruto abundante.

Con el tiempo, muchos hijos de nuestros ami- 52
gos, que desean –siendo casados– hacer una generosa dedicación personal al servicio de Dios
en su Obra, y los de los otros fieles amigos, que
no sienten esa llamada, serán acercados a la Obra
por el ambiente de sus familias.

Esta tarea es evidente que no tiene nada
que ver con la que hacen los religiosos, en sus escuelas apostólicas, y las diócesis en los seminarios

menores, que por otra parte yo venero. La nuestra es una labor laical, que se realiza en la calle, sin sacar a los chicos de su ambiente familiar. Incluso suelo aconsejar a los padres que no den a sus hijos demasiadas facilidades para que vayan a una casa de la Obra; sin exagerar, deben ponerles dificultades.

Se trata, pues, sencillamente de estar al lado de estos pequeños, para darles los medios espirituales que les ayudarán a vencer en los comienzos de la lucha ascética, cuando aparecen en su ánimo las primeras rebeldías y también las pasiones incipientes.

53   Nuestros amigos habrán de llevar buena parte del peso, en esas actividades que se desarrollan alrededor de la obra de San Rafael, para chicos y chicas de toda condición y de toda edad. De este modo, los Numerarios pueden dedicar más tiempo a la formación espiritual, dirigiendo las clases de San Rafael, tratando a los alumnos uno por uno, y dándoles ocasión para abrir su alma y contar sus pequeños problemas.

Según sea la tarea, pueden ayudar algunos colaboradores; y siempre habrán de hacerlo, de alguna forma, los chicos de San Rafael que lleven más tiempo en contacto con nuestra labor: esto —aunque se trate solo de una colaboración material— aumenta su preocupación apostólica, su celo por las almas, su sentido de responsabilidad, les vincula más a la Obra, y les hace ver que no vienen solo a mejorar espiritualmente: vienen también a darse, trabajando por los demás con generosidad.

Las almas de los santos son como las regiones de la tierra: se comunican mutuamente lo que recibieron, como se consumen en una región los frutos de otra, para unirse todos en una sola caridad[35]. Hemos de procurar siempre que todos los que hayan pasado por el Curso Preparatorio tengan un encargo concreto dentro de nuestros apostolados: pueden ser, por ejemplo, una ayuda valiosa en la labor con los chicos más jóvenes.

*Continuidad de la labor durante
las vacaciones: el verano*

Os he dicho muchas veces, hijas e hijos míos,   54
que para el apostolado no hay vacaciones: la obra de San Rafael se realiza con continuidad a lo largo de todas las épocas del año. Como es natural, la labor que se hace con los estudiantes durante sus vacaciones, tiene características distintas de la que desarrollamos durante el curso escolar. Pero no se interrumpe.

---

[35] S. GREGORIO MAGNO, *In Ezechielem homilia*, 1, 10, 34 (CChr.SL 142, p. 162).

Para la gente joven, hay un tiempo que puede ser muy peligroso: los meses de verano, que casi necesariamente suponen un alejamiento de la mayoría de sus compañeros, que asisten con ellos a la tarea de la obra. Por eso, hay que procurar por los medios ordinarios que el verano no suponga un corte total en el trato.

Es preciso que la relación con los chicos no pierda continuidad. Habéis de ayudarles a que sean fieles a las normas de piedad que han empezado a vivir; a que hagan algo de apostolado en el ambiente en el que pasen las vacaciones; a que empleen bien el tiempo, mejorando su formación cultural, estudiando un idioma, y también descansando: siempre he dicho a los chicos que el descanso —que no consiste en no hacer nada, sino en cambiar de ocupación— es importante, e incluso he querido que sea materia del examen de su retiro mensual.

55 Para que no pierdan el contacto con la casa que frecuentan durante el curso, podréis organizar algunas excursiones que os den ocasión de verles; o poneros de acuerdo con varios de ellos, y así encontraros en un lugar más o menos equidistante, etc. Donde haya algunos que pasan el verano en lugares próximos, cada uno de ellos ha de tener empeño en no dejar de tratar a los otros. Y en todo caso, siempre es posible

escribirles con frecuencia, o hacer que les escriban sus compañeros más maduros, colaborando con vosotros.

¡Cuánto he practicado yo el *apostolado epistolar* con mis chicos de San Rafael, cuando no los tenía cerca! A veces, tres o cuatro cartas seguidas, antes de recibir contestación. Si no podía escribirles extensamente, les ponía unas pocas letras: algo que fuera una llamada, un estímulo, un recordatorio también para sus propósitos.

El Espíritu Santo movía al Apóstol Juan a hacer lo mismo: *scribo vobis, iuvenes, quoniam fortes estis, et verbum Dei manet in vobis, et vicistis malignum* [36]; os escribo, jóvenes, porque sois fuertes, y la palabra de Dios permanece en vosotros, y habéis vencido al maligno.

También durante el verano, para que mejoren en nuestro espíritu, es necesario que todos los que vienen a las casas de San Rafael cumplan bien su plan de vida mínimo, y hagan apostolado y proselitismo. Apostolado con sus amigos y compañeros que están más *verdes*, menos preparados, y de este modo podrán traer después a casa a aquellos que lo merezcan. Sería una vergüenza que, con el pretexto de *no complicarles la vida*, contribuyéramos a que hagan unas vacaciones de paganos.

---

[36] 1 Jn 2,14.

Eficacia de la obra de San Rafael

56   Por lo que os vengo diciendo, veis que esta labor de San Rafael es muy necesaria y muy digna de cualquier sacrificio. Por eso, hemos de acercarnos con mucha naturalidad a todos los jóvenes, a través de otros compañeros que ya están bien dispuestos por la obra, para ayudarles a que nos comprendan, porque hay tantos —desgraciadamente— que van difundiendo en el mundo, entre la juventud, lo que pudiéramos llamar *la enfermedad de la hostilidad humana*. No es verdad que el hombre esté movido solamente por motivos económicos; y esto es lo que meten en el corazón de la juventud, junto con propagandas que corrompen las costumbres de su vida.

Hemos de enseñar, en la obra de San Rafael, que hay que hacer una gran batalla contra la miseria, contra la ignorancia, contra la enfermedad, contra el sufrimiento. Una batalla que se haga a la luz del día, porque no necesitamos jamás nosotros de las sombras de la noche.

Entonces será la hora de decir, al oído de cada uno, que es cierto que se puede hacer una operación quirúrgica con un cuchillo sucio y enmohecido, pero que será muy difícil que esa operación tenga buen resultado; por tanto, que ellos —que son el instrumento de Dios, como nosotros— han de procurar estar limpios, brillantes, puros; y han de empeñarse en tener la ciencia del cirujano, del cirujano de las almas: la doctrina de Jesucristo y la práctica de la piedad, que los mantendrá libres de ciertas miserias.

Pensad que hasta los niños –de modo particular ahora– tienen pensamientos de aventura, de acción, de triunfo, de pasión. Pero no de aventuras del espíritu, que les son desconocidas o les resultan demasiado difíciles, o –lo que es peor– están incapacitados para descubrirlas. 57

Porque el estilo general de la civilización, que nos envuelve, ha alterado la visión de muchas cosas que podrían ser de otra forma, y deberían estar orientadas por otro camino: es decir, por el sentido del trabajo santificado y santificador; por el sentido de la proyección personal de nuestras ilusiones sobrenaturales en el mundo del trabajo hecho con perfección; por la acción eficaz de la honradez eficiente y organizada.

Y haremos saber que no está cerrado, para encontrar a Dios, ningún camino noble y humano; sino que están preparados todos esos caminos para responder positivamente, si la juventud se sabe librar de la intoxicación que se difunde con soluciones materialistas de la vida.

Hemos de hacer que los hombres no se mantengan en la idiotez de la frivolidad, en una idiotez 58 que es inútil y siempre peligrosa. Hemos de hacer, a lo largo de cada edad, que desarrollen los jóvenes su capacidad para enfrentarse con los problemas de este mundo, con un modo de hablar moralizador, que no sea amenazador pero que tenga la fuerza vital de arrastrar, que ponga en marcha una generación que no está encauzada.

Procuraremos lograr que, en la boca de nuestra gente joven, esté la *tremenda* palabra sobrenatural que mueve, que incita, que es la expresión de una disposición vital *comprometida*: nunca es la repetición grotesca, mortecina, de frases y palabras, que no pueden ser de Dios.

En medio de este cataclismo mundial, de tanto odio y de tanta destrucción, os digo una vez más que hemos sido llamados a ser sembradores de paz y de alegría. A la vuelta de pocos años, si rezáis y trabajáis con fe y con perseverancia, podremos preparar reuniones y cursos internacionales —ayudados por los chicos de San Rafael— con jóvenes de muchos países, y también podremos estar presentes en las iniciativas que promuevan organismos internacionales.

En nuestras Residencias o en otras labores de la obra de San Rafael, hemos de organizar cursos especiales y actividades de carácter cultural, especialmente durante las vacaciones. Algunas veces, será también este un modo discreto de tener los socios de la Obra un tiempo especial de formación. Y siempre será medio para hacer una labor interesante: el apostolado con estudiantes extranjeros, a que antes me he referido.

De este modo ayudaremos eficazmente a crear un clima de entendimiento mutuo, de convivencia, con una visión amplia y universal, que ahogue en caridad todos los odios y rencores: sin lucha de clases, sin nacionalismos, sin discriminaciones. Soñad, y os quedaréis cortos.

Para desarrollar la labor de San Rafael, también **59** es conveniente promover apostolados corporativos con la juventud, que son y serán cada vez más variados: como toda esa gama de actividades, alrededor de la obra de San Rafael, de que acabo de hablaros.

La primera tarea ha sido y ha de ser siempre la obra de San Rafael. Nunca hemos comenzado una Residencia de estudiantes, por ejemplo, sin haber puesto antes en marcha la labor de San Rafael, como hemos podido, aun con carencia casi absoluta de medios materiales.

Lo mismo ha de decirse de cualquier otro apostolado corporativo: la obra de San Rafael ha de precederlo y acompañarlo. Y así, los chicos y no pocas veces sus familias ayudarán, con su oración y con su trabajo, a la instalación de los medios materiales y a todo lo necesario para esa labor corporativa, que consideran como cosa propia: veréis cómo lo hacen siempre con gusto, con alegría; y que, para ellos, supone un gran acercamiento a la Obra.

Necesidades económicas de todas las casas

60   Es de justicia —ya os lo he dicho— que los chicos sientan la responsabilidad de ayudar económicamente, en la medida de sus posibilidades, al sostenimiento de la casa que frecuentan, que es el instrumento que permite hacer esa labor formativa, de la que ellos son los primeros beneficiados, que constituye para nosotros un esfuerzo notable.

Y resulta pedagógico, muchas veces, hacer que precisamente los muchachos más díscolos y revoltosos se ocupen de lograr esa ayuda económica o de otros encargos precisos: esas pequeñas obligaciones suelen darles sentido de disciplina, y responden cambiando con notable mejora su carácter, demostrando que merecen la confianza que se les da.

Somos pobres y lo seremos siempre, hijas e hijos queridísimos. Os he dicho otras veces que nuestras casas dedicadas a trabajar con jóvenes nacen con un *defecto original*, que consiste en la carencia de medios económicos, junto con la necesidad de que haya un oratorio digno, una Administración dispuesta de manera que pueda funcionar, y de emplear locales para una labor que no es económicamente rentable: la de San Rafael.

Por eso nos hace falta la ayuda, porque solos no llegamos. Y los chicos responden, contribuyendo en las colectas tradicionales que se hacen entre ellos; o dejando discretamente una limosna, fruto de su espíritu de sacrificio, y de otros mil modos distintos.

61 Muchas veces esta colaboración de los chicos será pronto secundada –lo dije antes– por la de sus padres. Cuando se dan cuenta del bien que hacemos a sus hijos, colaboran con generosidad, regalan muebles para la instalación de la casa, o ayudan a comprarlos, etc. Si se trata de una labor con muchachos más jóvenes, han de ser ellos y las familias quienes proporcionen el local donde puedan reunirse y los medios necesarios para las actividades que allí se organicen.

Aunque alguna vez la aportación sea pequeña, porque la posición económica no les permite más, es este siempre un primer paso para que madres y padres y hermanos se acerquen a la Obra; y para recibir luego todos ellos el influjo sobrenatural del Opus Dei, hasta llegar a obtener el impulso de Dios, para ser nuestros amigos –y aun nuestros hermanos–, cooperando activamente, comprando acciones de los inmuebles

que levantamos, para alquilarlos después a nosotros, que pagamos lo que sea razonable, teniendo esos edificios como medios de apostolado.

62 Para nuestras obras apostólicas corporativas,
hemos de buscar también subvenciones de
entidades oficiales y privadas. A través de estos apostolados, que están siempre dentro del
ámbito de las leyes civiles, prestamos un gran
servicio a la sociedad. Por eso, tenemos estric-
to derecho —como todos los ciudadanos que se
dedican a labores docentes, benéficas, etc.— a
recibir parte de los fondos que el Estado dedica
a esos fines.

Pero, al procurar conseguir esas subvenciones, nos hemos de asegurar de que no queda
mermada nuestra autonomía en la dirección de
la obra corporativa de que se trate. Sin esta libertad elemental, no podríamos trabajar. Nuestros
amigos y nuestros colaboradores serán siempre
buena ayuda, para lograr esas justas y legítimas
subvenciones.

La eficacia humana y el prestigio del trabajo que desarrollaréis en esos apostolados corporativos, moverá también a muchas personas nobles
a ayudaros, aunque estén alejadas de nuestra fe
católica. Con vuestro trato, lleno de caridad sincera, empezarán a querer a la Obra y haréis con
ellos una tarea eficaz de apostolado *ad fidem*.

Colaboración responsable de los residentes selectos

Os decía que la obra de San Rafael ha de pre-   63
ceder y acompañar a cualquier obra corporativa. Así se consigue también que haya, desde el
primer momento, un ambiente verdaderamente
nuestro. En el caso de las Residencias, se podrá
contar de este modo con un buen núcleo de residentes bien escogidos, que ayudarán a dar *el tono*
a la casa y a la labor que en la Residencia y desde
la Residencia ha de hacerse.

Estos residentes —más selectos que los demás— se sienten en su propio hogar, usan res-
ponsablemente de su libertad, cumplen con
delicadeza el reglamento interno —horario de
familia—, cooperan a crear un clima fraterno,
de trabajo y de buen humor.

Si los tratáis personalmente, uno a uno,
haciéndoles ver que nos interesamos por sus
estudios, por su salud, por sus pequeñas preocupaciones; que compartimos sus alegrías y sus
penas, responderán casi siempre con generosidad y haréis un gran bien a sus almas y a las de
los otros que viven en la casa.

Quiero insistir aquí en la libertad de que gozan   64
los residentes, para lo que se refiere a la formación religiosa y a su participación en los actos de piedad, que se tengan en la Residencia.

Acostumbramos a hacer una visita al Santísimo, y a rezar en común el Santo Rosario −del modo habitual en cada país−, como suelen hacer las familias cristianas.

Les invitaremos, pues, a participar en estas costumbres, pero sin obligarles, usando solo la *coacción* suave del buen ejemplo. También pueden asistir, si lo desean, a la Santa Misa que se celebra cada día en el oratorio de la Residencia.

Respetaremos absolutamente la libertad personal de los residentes no católicos y no cristianos. Después, fácilmente estos chicos, al sentirse comprendidos y respetados, al darse cuenta de que se les quiere de verdad, empezarán a interesarse por esa fe nuestra que nos mueve a vivir con rectitud y con amor.

Si los residentes no católicos lo desean −hemos de pedir al Señor y a la Santísima Virgen que lo deseen−, les dejaremos participar en la formación espiritual, y les daremos la instrucción necesaria para recibir el bautismo. ¡Cuántos chicos recibirán el don soberano de la fe católica, mediante vuestro esfuerzo callado y alegre!

Obras corporativas de enseñanza

65 No voy a detenerme en una enumeración −que por otra parte no acabaría nunca− de las distintas obras corporativas que, con el tiempo,

tendremos en todo el mundo. Solo en el campo de la enseñanza, nos espera una tarea ingente, en todos los niveles, que siempre hemos de realizar como una labor profesional de ciudadanos.

En este campo específico de la docencia, las obras apostólicas –variadísimas–, en las que ejercitamos siempre nuestro trabajo profesional, serán necesariamente instrumento para dar también a otros una sólida preparación profesional y una buena formación humana; y para hacer un fecundo apostolado, no solo con los que acudirán al centro, sino también con gente de cualquier condición social.

En las universidades, por ejemplo, se podrá desarrollar una amplia labor de extensión cultural –siempre de contenido apostólico– en la región o comarca donde estén enclavadas, dando con esta ocasión a la gente, intelectual o no, una buena dosis de doctrina cristiana y de buen ejemplo.

Si sois fieles en vuestro trabajo diario, si procuráis ser santos y vibráis, en pocos años serán una realidad maravillosa tantos apostolados corporativos con la juventud, campo abonado para un extenso quehacer humano y sobrenatural con todo el pueblo.

Os recuerdo una vez más que nuestro apostolado con la gente joven no se limitará nunca al que hagamos en y desde esas obras corporativas.

Hemos de trabajar también en asociaciones, escuelas, iniciativas oficiales y privadas de altura, para convertirlas en operativos instrumentos apostólicos: *ubicumque fuerit corpus, illic congregabuntur et aquilae*[37], donde haya una labor honesta, allí iremos a darle más vida.

Dificultades en la labor de San Rafael

66	He dejado para el final, intencionadamente, hablar de las dificultades —aparte de las económicas— que no os faltarán en esta tarea maravillosa. Hasta los buenos se opondrán a vuestro trabajo: *discipuli autem increpabant eos*[38]; cuando los niños se acercaban a Cristo Jesús, los discípulos hacían lo posible para que no fueran; se tuvo que imponer el Señor diciendo: *sinite parvulos et nolite eos prohibere ad me venire*[39], dejadlos que vengan.

Algunos os pondrán desde el principio una etiqueta, la que se les ocurra: así aprenderéis vosotros a no poner una etiqueta a nadie. Las etiquetas se cambian porque, al pasar el tiempo, lo que parecía que no tiene valor, acaba siendo un tesoro. Y quizá os suceda —en más de una

---

[37] Mt 24,28.
[38] Mt 19,13.
[39] Mt 19,14.

ocasión— lo mismo que me sucedió a mí, cuando solo tenía juventud y buen humor: rezaba y, no me da vergüenza, lloraba.

Pero las contradicciones, soportadas por amor de Dios, traen siempre fecundidad: *quando orabas cum lacrimis... ego obtuli orationem tuam Domino*[40]; cuando orabas con lágrimas, yo —dice el Arcángel a Tobías— presentaba al Señor tu oración. Entonces se hace más realidad el sentido sobrenatural de nuestra entrega, porque se experimenta —en la carne y en el alma— aquella oblación que hemos hecho de nuestras vidas al Señor, que sube a Él *in odorem suavitatis*[41].

¡Dificultades! Las habrá siempre de un tipo o de otro, pero siempre se superan; son cosas de ordinaria administración, que venceréis con vuestro sacrificio, con vuestra oración y con vuestra alegría. Además, no olvidéis que contamos con la gracia de Dios, con el tiempo, con nuestra caridad y con nuestro trabajo. Las cosas cambian, el ambiente madura; y los que criticaban y se oponían, alaban y ayudan. 67

No sufráis si os llaman de cualquier manera: ¡tienen razón! Ha dicho el Señor por San

---

[40] Tb 12,12.
[41] Ef 5,2.

Mateo: *unus est bonus: Deus*[42]; solo Dios es bue-
no. A veces, hijos de mi alma, tenéis que acorda-
ros de aquel *exiit qui seminat seminare semen suum*[43]
—salió el sembrador a sembrar—, y considerar
que ese derroche generoso de tirar a manos llenas el oro puro del trigo en las entrañas de la tierra, trae como consecuencia preocupaciones no
pequeñas: la lluvia y la sequía, el sol o la niebla,
el frío y el calor, todo puede ser perjudicial.

No faltan otras veces ocasiones de sufrir,
que vienen no de fuera, sino de dentro. Son sa-
lidas de tono —ellos dicen: *meteduras de pata*— de
una de aquellas criaturas que acuden a nuestras
casas, y puede suceder que el Director o la Direc-
tora no *se hagan* con el ambiente: quizá porque
tienen una severa preparación y les falta experiencia; o porque es el suyo un trabajo lleno de
fatiga, de esfuerzo, de paciencia, de sacrificio,
de renuncia y —he de añadir— de profunda hu-
mildad. Debéis estar dispuestos a no manifesta-
ros airados por esas cosas, a pasarlas por alto con
una sonrisa.

Ya os lo he dicho antes: dad a esos muchachos ocupaciones con responsabilidad, rezad por
ellos, tratadlos con cariño y con comprensión
—con caridad de Cristo—, y veréis qué cambios:

---

[42] Mt 19,17.
[43] Lc 8,5.

los que eran obstáculo se hacen, en vuestras manos, como el barro en manos del alfarero, *sicut
lutum in manu figuli*[44], instrumentos fidelísimos.

La vida vuestra, hijos míos, cuando encontráis   68
estos inconvenientes y los lleváis sonriendo con
alegría, llenos de una caridad operante y en silencio, se llena de una sabiduría divina: *quoniam
sapientia aperuit os mutorum et linguas infantium fecit disertas*[45]. Después veréis cómo esa Sabiduría
de Dios abre, a su tiempo, la boca de los mudos
y da elocuencia a los que han procurado hacerse
como niños.

Sé que tendréis siempre muy en cuenta aquel
omnes enim filii Dei estis per fidem[46]; todos vosotros
sois hijos de Dios por la fe. ¡Qué poder el nuestro!
Poder de saberse y de ser hijos de Dios. Y si, a pesar de todo, creéis que el fruto de vuestro trabajo
es poco, traed a vuestra memoria las palabras de
Isaías: *electi mei non laborabunt frustra*[47], nunca mis
elegidos trabajarán inútilmente.

Cada uno debe pensar: *graecis ac barbaris,
sapientibus et insipientibus, debitor sum*[48]; yo tengo

---

[44] Jr 18,6.
[45] Sb 9,21.
[46] Ga 3,26.
[47] Is 65,23.
[48] Rm 1,14.

esta deuda de caridad y de servicio con el mundo entero, con todos los hombres, con los griegos y con los bárbaros, con los sabios y con los ignorantes. No hemos de desmayar, pues, ante estas u otras dificultades. No es posible que, por dejadez nuestra, haya quien pueda decir al Señor: *quia nemo nos conduxit*[49], nadie nos ha llamado.

69 No pocas veces es un hijo mío joven el que tiene que estar al frente de las clases de formación de San Rafael y de otras actividades: de esas que se presentan cada día en mayor número, porque es, como suelo deciros, un mar sin orillas esta tarea. Y puede suceder que tenga menos años que aquellos, a quienes debe enseñar y guiar, sin imponerse.

Si hay un sufrimiento por la incomprensión de alguno, yo a ese hijo mío le digo: *praecipe haec et doce: nemo adolescentiam tuam contemnat: sed exemplum esto fidelium in verbo, in conversatione, in caritate, in fide, in castitate. Dum venio, attende lectioni, exhortationi et doctrinae*[50]. No te acongojes: que nadie te menosprecie por tu poca edad, puesto que procuras ser modelo en el hablar, en el trato, en la caridad, en la fe, en la castidad. Y, además, sigue formándote tú mismo,

---

[49] Mt 20,7.
[50] 1 Tm 4,11-13.

aplicándote a la lectura, a dar buenos consejos y a la enseñanza.

Amar la obra de San Rafael

Que todos vosotros, hijas e hijos, los más jóvenes y los que ya no lo seáis tanto, tengáis siempre una preocupación muy viva por nuestra obra de San Rafael. La hemos de mirar con predilección —lo repito—, ha de ser la niña de nuestros ojos.

70

Esta preocupación habrá de traducirse en oración constante y en obras. Vuestro afán apostólico os llevará a salir por todas las encrucijadas del mundo para buscar almas, para comunicarles la llamada de Jesucristo, porque, *aunque permaneciendo en el mismo sitio hubiese podido Cristo atraer a las gentes a sí, para que oyesen su predicación, no lo hizo de este modo; dándonos ejemplo, para que recorramos también nosotros los caminos, buscando a los que se pierden como el pastor busca la oveja descarriada, como el médico acude al enfermo*[51].

Cuando escribe San Juan Crisóstomo, que el Señor dice a sus discípulos: vosotros sois la sal de la tierra, les pone delante la necesidad de lo que les ha

---

[51] Santo Tomás de Aquino, *Catena aurea super Lucam*, cap. 4, lec. 10. En este lugar y en la *Summa Theologiae* (cfr. III, q. 40, ad. 2) santo Tomás atribuye este texto a san Juan Crisóstomo.

mandado. Porque vosotros —viene a decirles— no habéis de tener preocupación solamente por vuestra propia vida, sino por la de toda la tierra. A vosotros no os envío, como hice con los profetas, a dos ciudades, ni a diez, ni a veinte, ni siquiera a una sola nación. No, vuestra misión se extenderá a la tierra y al mar, sin más límites que los del mundo mismo, aunque esté a veces corrompido[52]. *Y cuando les llama luz, nuevamente habla del mundo —lux mundi—: no de una sola nación, ni de veinte ciudades, sino de la tierra entera; habla de una luz inteligible, mucho más preciosa que los rayos del sol, como también la sal había que entenderla en sentido espiritual. Y pone el Señor primero la sal, luego la luz, para que nos demos cuenta de la utilidad de las palabras enérgicas y del provecho de una enseñanza seria. Esto nos ata fuertemente y nos permite disolvernos. Esto nos hace abrir los ojos, llevándonos como de la mano hacia la virtud*[53].

Iréis, por tanto, a encontrar las almas donde estén, para atraerlas al calor de nuestro espíritu, a la luz divina de nuestra labor de formación, poniéndolas bajo el patrocinio del Arcángel San Rafael y del Apóstol San Juan, para encenderlas, para purificarlas, para llenarlas de doctrina y de

---

[52] S. Juan Crisóstomo, *In Matthaeum Homilia* 15, 6 (PG 57, col. 251).

[53] S. Juan Crisóstomo, *In Matthaeum Homilia* 15, 7 (PG 57, col. 252).

amor de Dios y de una noble devoción a Santa María, a la Iglesia Santa y al Romano Pontífice. Os bendice vuestro Padre.

Madrid, 24 de octubre de 1942

GLOSARIO

de algunos términos y expresiones
usadas por san Josemaría

apostolado de no dar: expresión aparentemente paradójica que san Josemaría usaba al menos desde 1931, y que aparece en el n.º 979 de *Camino*. Para él, significa ayudar a quien se acerca a Dios y a las obras apostólicas a tener la actitud de "dar", mejor aún, de "darse" a Dios, no de "recibir" un beneficio material, o una ventaja personal. Es decir, estimular la generosidad con Dios y al mismo tiempo salvaguardar la rectitud de intención. Escrivá pensaba que es propio de la condición humana «tener en poco lo que poco cuesta» (*Camino*, n.º 979). Por eso aconsejaba cobrar siempre algo, aunque fuese muy poco, a quienes frecuentan las múltiples obras sociales que promueve el Opus Dei entre gente necesitada: de esa forma, decía, se evita humillarles y que se sientan sin derechos, como quien recibe algo por caridad (7,48).

(carta) *escriben la carta*: la petición de admisión en el Opus Dei se realiza por escrito, mediante una carta

redactada en tono sencillo y familiar, dirigida al pre-
lado del Opus Dei (7,27).

colaboradores: actualmente se denomina "cooperado-
res" a quienes se benefician de la formación cristiana
de la obra de San Gabriel –sin ser miembros del Opus
Dei– y ayudan con su oración, su limosna y a veces
con su trabajo a las labores apostólicas que impulsan
las personas del Opus Dei con otras personas (7,11;
7,14; 7,15; 7,53).

(grupo) *no hacemos grupo:* es decir, el Opus Dei ofrece
una atención pastoral que busca vivificar el espíritu
cristiano de las personas, independientemente del
ámbito en que viven y de las preferencias, también
religiosas o apostólicas, que tengan. De ahí que quienes se benefician de esa ayuda no formen un grupo
dentro de la Iglesia, aunque se refuercen entre ellos
los lazos de comunión y fraternidad, pues el fin no
es hacer crecer una organización, sino que cada cual
mejore su vida cristiana para servir a la Iglesia donde
Dios le llama (7,35).

(lecturas) *orientar sus lecturas:* en el *Catecismo de la Iglesia Católica* se lee que «el primer mandamiento [del
decálogo] nos pide que alimentemos y guardemos
con prudencia y vigilancia nuestra fe» (n.º 2088).
De ahí que constituya una obligación moral mejorar
nuestros conocimientos sobre la fe y evitar todo lo

que pueda ponerla en peligro, pidiendo consejo e informándose adecuadamente sobre las lecturas y otras actividades (7,36).

Normas: las "Normas de piedad", las "Normas del plan de vida" o simplemente, "las Normas", designan el conjunto de prácticas de piedad que jalonan la vida de cada día (la Santa Misa, la oración mental, el rezo del Rosario, la lectura espiritual, etc.), y que ayudan a mantener un continuo diálogo con Dios, en medio de los quehaceres corrientes (7,6; 7,49; 7,54).

perfección cristiana: es un modo de llamar a la búsqueda de la unión con Cristo, a la identificación con Él, propia de cualquier estado de vida, que para san Josemaría es clave en la aspiración a la santidad cristiana; no se debe confundir con el perfeccionismo, ni con la búsqueda de una excelencia espiritual elitista y meramente humana, con las que tiene poco que ver (7,21).

proselitismo: en san Josemaría no consiste en una mera captación de adeptos, como hoy vulgarmente se entiende esta palabra, sino en ayudar en la delicadísima tarea del discernimiento vocacional, proporcionando luz, doctrina y buen ejemplo. Y al mismo tiempo, acompañar esta ayuda con abundante oración y sacrificio, para que las personas, si Dios las llama, sean capaces de responder afirmativamente al gran don de la vocación divina, para seguir a Jesús como discípulos.

Como la obra de San Rafael tiende a convertir a todo joven en un seguidor de Jesucristo, en una persona identificada con la misión redentora del Señor, en un apóstol suyo en medio del mundo, independientemente de que se le plantee o no su posible vocación al Opus Dei, dice que «con todos hacemos labor de proselitismo» (7,18; 7,8; 7,9; 7,25; 7,55).

selectos: la "selección" de la que habla es en fondo el fruto de la libre elección de los jóvenes, que lleva a algunos a desear comprometerse con Dios, para formarse cristianamente y llevar una vida como discípulos de Cristo, en la forma que la obra de San Rafael les propone. Ese interés y esa correspondencia personal les hace selectos, como san Josemaría indica, independientemente de su condición social, su capacidad, etc.: «sin distinción de ningún tipo», puntualiza, sin elitismo; «desear ser selecto no es soberbia, no es arrogancia querer ser mejores» (7,2; 7,21).

ESTE LIBRO, PUBLICADO POR
EDICIONES RIALP, S. A.,
MANUEL URIBE 13-15, 28033 MADRID,
SE TERMINÓ DE IMPRIMIR EN
ANZOS, S. L. FUENLABRADA (MADRID),
EL DÍA 26 DE JUNIO DE 2024.